FREUDENTANZ

MEINES

HERZENS

Wundertütenpoet

VON

TINA HÜSCH

DIE MÖGLICHKEITEN
VON POESIE UND VERRÜCKTHEIT

Bibliografische Information der Deutschen Nationalbibliothek: Die
Deutsche Nationalbibliothek verzeichnet diese Publikation in der
Deutschen Nationalbibliografie; detaillierte bibliografische Daten
sind im Internet über dnb.dnb.de abrufbar.

ISBN: 9783752648799

Herstellung und Verlag: BoD – Books on Demand, Norderstedt

ABOUT ME

Der Tanzpalast meines Herzens besteht aus Buchstaben und Worten, die durch die Poesie meiner Seele zu Gedichten und Reimen werden und zu Geschichten, die in meinem Inneren flanieren.

Ich liebe den Zauber der Sprache und das Spiel der Schriftzeichen.

Ich liebe das Bunte des Regenbogens und die Weite des Himmelszelts.

Ich liebe Flausen im Kopf, und von Ideenfunken geweckt zu werden.

In meinem Bett schlafen immer Bleistifte und Kugelschreiber, damit kein noch so kleines Stück meines Traumtänzers verloren gehen kann und als geschriebenes Vergissmeinnicht auf Papier weiterlebt.

Es ist zu meinem Steckenpferd geworden, mir mit ganz viel Firlefanz Luftschlösser zu bauen, damit meine Seele einen Ort hat, an dem sie ihre Purzelbäume üben kann.

Täglich meinen eignen Budenzauber erlebend, möchte ich, dass der Kokolores in meinem Geist nie aufhört, seinen Mumpitz zu produzieren.

Und so finde ich es herzallerliebst von Dir, dass Du meine Zeilen liest und unsere Seelenherzen zusammen tanzen.

Viel Spaß beim Freudentanz der Poesie.

TINA

FÜR MEINER

VERRÜCKTHEIT

LIEBSTE

TOCHTER ...

Für alle,

die ihrem Herzen vertrauen möchten

und daran glauben,

dass ihre Wünsche Wirklichkeit werden ...

Für Dich,

weil Du meine Zeilen liest

und mich zum Tanzen aufgefordert hast.

INHALT

EINBLICK, EINSICHT, ERKENNTNIS ...

So unterwegs auf der Lebensreise braucht man einen guten Ratgeber, einen Freund ...

Einen, der immer da ist und dessen Unterstützung man spüren kann im tiefsten Inneren, so dass die Seele lächeln kann.

Viele suchen diesen Freund oder Partner im Außen, in einem anderen Menschen ...

Doch das, was wir uns selbst nicht sein können, das kann auch kein anderer Mensch uns geben.

Wir spiegeln unser Innerstes nach außen, wir sind wie Magneten und ziehen auch immer nur das an, was in uns tief verborgen liegt.

Wie im Innen so im Außen, und aus diesem Grunde ist es wichtig, diesen „Freund" in sich selbst zu suchen und zu finden.

Viele sehen diesen EINEN in ihrem Kopf, der mit seinem Verstand für sie die ausgeklügeltsten Überlegungen und detailliertesten Pläne anstellt.

Doch leider ist dieser liebe Verstand ein Kopfmensch und somit viel zu rational bei seiner Arbeit, er möchte am liebsten alles frei von jeglichem Risiko halten und ist sehr auf Sicherheit und Eigennutz bedacht.

Diese Menschen merken oft nicht, dass ihre Perfektion sie vom Glücklichsein abhält und das Streben nach Fehlerlosigkeit zur Sucht werden kann,

so dass man sich in seinem eigenen Käfig der angestrebten Vollkommenheit einsperrt!

Denn Perfektionismus kennt kein Innehalten, sondern nur die Sucht nach immer neuen Hürden und ist das Kind von Unzufriedenheit und Missmut.
Diese Menschen meckern vor sich hin, ohne zu erkennen, dass Meckern nichts bringt, es ist wie Gas geben im Leerlauf ...
Laut, aber ohne Erfolg.

Natürlich gibt es auch jene, die auf die Spontanität ihres Bauches vertrauen und auf das damit verbundene Bauchgefühl, doch dieses verhält sich sehr ähnlich, nur umgekehrt ... oft gleicht es einem Strohfeuer und hat bei näherem, tieferem Hinschauen keinen Bestand. Es ist zu impulsiv und irrational und will nur eine schnelle Erfüllung des jeweiligen Wunsches, ohne jegliche Prüfung, was die Erfüllung für den eigentlichen Lebensweg bedeuten würde.

Dem Bauchgefühl ist nicht bekannt, dass man für die Erfüllung eines jeden starken Wunsches einen Preis zu zahlen hat und dass oft der höchste Preis darin bestehen kann, dass der Wunsch in Erfüllung geht.
Es geht ihm meist um den Eigennutz, und wenn es diesen nicht erfüllt bekommt, dann schlägt ihm das gewaltig auf den Magen.

Der liebe Bauch, er ist gierig und möchte immer schnell satt sein, denn nur so fühlt er sich wohl, wenn er seine Wünsche befriedigt bekommt.
Denn genau wie bei Hunger werden manche Menschen unruhig und ein bisschen böse, wenn der vom Bauch erfundene Wunsch oder das ausgedachte Bedürfnis nicht schnell genug erfüllt wird.

15

So gibt es diese beiden Berater von uns, die es immer wieder schaffen, in unserem Inneren für die größte Unruhe zu sorgen, und so leben diese beiden Gegenspieler in einem jeden von uns.

Es ist der Kopf, in dem der Verstand haust, und es ist der Bauch mit seinen Brauseschmetterlingen – sie schaffen es, sich unaufhörlich zu streiten, und jeder meint, es besser zu wissen …

Sie gleichen zwei kleinen Kindern, die sich um des lieben Rechthabens willen streiten, ohne nach der Sinnhaftigkeit oder dem höheren Zweck zu fragen.
Die eigene Seele können sie in den Wahnsinn treiben, gäbe es da nicht noch den einen in uns, auf den immer Verlass ist, denjenigen in uns, der am selbstlosesten ist und für alle sorgt, ohne nur an sich zu denken, ohne den nichts funktioniert und der alles zusammen- und am Leben hält.

Es ist unser Herz, das da unaufhörlich schlägt und alle Organe versorgt, es ist unser Herz, in dem das ganze Gefühl der Liebe und Sehnsucht wohnt, es ist unser Herz, das der Seele eine Heimat gibt.

Und es ist auch unser Herz, was prüft und zwischen Kopf und Bauch vermittelt. Es ist der Mentor unserer Gefühlswelt, es hindert den Kopf daran, zu rational zu sein, und den Bauch bewahrt es vor voreiligen Entschlüssen. Es lässt uns gütig sein und Mitgefühl haben. Es nimmt die Seele in den Arm und tröstet sie, wenn der Weg mal holprig wird.
Es hält den größten Schmerz und tiefsten Kummer für uns aus und schlägt trotz alldem unaufhörlich weiter, weil es die andern, die in uns wohnen, nicht im Stich lässt. Denn wenn es aufhören würde zu schlagen, dann bezahlten alle das mit ihrem Leben.

16

Das liebe Herz ist frei von unserem Ego, und so ist es unser wahres selbstloses Selbst.

Es kennt kein Siegen- und Gewinnenwollen, es ist frei von Neid, Hass und Missgunst.

Es ist wahrhaftig und rein.

Auch im ärgsten Leid hält es einfach aus ... es ist sehr stark und steht der Seele zur Seite. Doch darf man nie vergessen, auch wenn es unendlich stark scheint, kann es zerbrechen, und dass wir uns eigentlich viel zu wenig um unser Herz kümmern, gerade weil es so stark scheint und einfach seinen Dienst verrichtet.

Wir nehmen es viel zu sehr als Selbstverständlichkeit hin, dass es da etwas in uns gibt, was alles regelt, uns unterstützt und nicht alleine lässt.

Während das Herz selbstlos in uns arbeitet, übt der Kopf das Ego und lässt es wachsen, auf dass es alles hinterfragt und nichts vollbringen mag, ohne eine Gegenleistung zu erwarten.

Doch das Herz maßregelt den Kopf nicht, es lässt ihn gewähren, bis der Mensch denkt, er und sein Ego wären eins. Er wäre das Ego, und er, der Mensch, der sich ICH nennt, sieht das Herz nur als Dienstleister, den er noch nicht einmal besonders gut behandeln möchte.

Diese Erwartungshaltung übernimmt der Bauch als ein ständig wachsendes Bauchgefühl. Das in uns wohnt und spontan entscheidet, was gerade gebraucht wird vom Ego ... und in dieser ganzen Zeit schlägt das Herz selbstlos vor sich hin.

Es schlägt und kümmert sich im Hintergrund um alle, die im Vordergrund spinnen, als wären sie von Sinnen.

Es ist immer da, und Geduld ist seine erste Tugend.

Wie wichtig ist es dann doch, wenn man sich dies alles so vor Augen hält, mehr in sich hineinzuhören und achtsam zu sein für die Dinge, die es einem zu sagen hat, das liebe Herz, für die Dinge, die wirklich wichtig sind im Leben und die man nicht mit Geld kaufen kann.

Es ist sehr bedeutend innezuhalten und sich auf der Reise nicht nur zu fragen, wer man eigentlich ist, sondern was man eigentlich von dieser Lebensreise möchte und mit wem man sie wie verbringen will.
Zu erkennen, dass die Kraft der Emotion, die man Liebe nennt, einem mehr geben kann und wird, als alle anderen materiellen Gegenstände dieser Welt, ist ein Geschenk.

Es gibt keine versteinerten Herzen, es gibt nur Kopfmenschen, die ihrem Verstand jegliche Macht zusprechen und ihr Bauchgefühl vergiften. Bis es wie betäubt in ihnen ist und sich anfühlt, als wäre eine riesige Leere im Inneren des Menschen.
Die Herzen dieser Menschen sitzen in Käfigen, die aus Gitterstäben ihrer eigenen Gefühle bestehen. Und so glauben sie, von nichts aus der Bahn geworfen werden zu können, ohne zu wissen, dass sich unter ihnen Eis befindet ...
Sie haben alle Emotionen von sich abgespalten, so als würden sie gar nicht zu ihrem Leben dazugehören, so als gäbe es sie nicht.
Doch ohne Empfindungen wird man nie den eigenen Lebensweg erkennen können, sondern nur das Eis des langsam erfrierenden Herzens in der Seele spüren.
Aus diesem Grunde gibt es Menschen, die es schaffen, sehr reich und ausgesprochen schön, innerlich schrecklich zu verkümmern und an einer einsamen Seele zu leiden.

Und es gibt Menschen, die haben den Reichtum des Herzens und Lachfalten aus lauter Glück.

Wer von beiden wird das schönere Leben haben?

Mit welchen Menschen möchte man seine Lebensreise teilen? Welche erfüllen einen mit Freude und welche schaffen es, einen zum Lachen zu bringen?

Worin besteht das Ziel der Reise?

Doch letztendlich darin, das Glück in der eigenen Seele zu finden und es bei seinem Namen nennen zu können, damit es auch kommt, wenn man nach ihm ruft ...

Es hat einen ganz einfachen Namen, es heißt: **Zufriedenheit.**

Z - eitlos

U - nbekümmert

F - arbenfroh

R - egenbogen

I - ntuition

E - ngel

D - ankbarkeit

E - ntfalten

N - ähe

H - armonie

E - ntzückt

I - dyllisch

T - reue

Denn nur wenn man **zeitlos** und **unbekümmert** den **farbenfrohen Regenbogen** der eignen Seele erkennen kann, hat man genügend **Intuition**, für seinen **Engel Dankbarkeit** zu **entfalten** und die **Nähe** der **Harmonie** des eigenen Geistes in sich zu spüren, um **entzückt** ganz **idyllisch** die **Treue** zu sich selbst zu genießen.

Dann fängt es plötzlich an, sich im Inneren einfach nur warm anzufühlen, wenn die eigenen Geschichten ihre Dramatik verloren haben und der Kopf endlich aufgeben kann, die Kontrolle über den Bauch zu wollen. Dann können Herz und Seele zusammenfinden und ausgelassen tanzen und werden sich nicht mehr darum scheren, was der Rest der Welt dazu sagt.

Aus diesem Grund möchte ich zum nun bevorstehenden Tanz der Poesie von Herz und Seele einladen.

KOMM UND TANZ MIT MIR ...

Ich freue mich, mit Deinem Herzen durch meine Gedichte zu tanzen, auf dass dieser unser Tagtraum nie enden mag.

SEELENTANZ DER HERZENSPOESIE

Wenn die Poesie anfängt zu leben,
dann beginnen Herz und Seele zu schweben.
Sie bewegen sich zueinander im schönsten Tanz.
Denn nur die Vorstellungskraft alleine kann's
in das Feld der Möglichkeiten geben,
wo alles erwacht zu dem schönsten Leben.
Denk daran:
Irgendwo wird immer getanzt,
und es wäre doch zu schade,
diese Zeit zu versäumen.
Erwache und lebe in deinen Träumen,
sonst ist deine Seele gefangen in Räumen der Traurigkeit.
Es wäre viel zu schade, auf ein Glück zu verzichten,
denn dein Leben braucht sie,
die schönsten Geschichten.
Ohne zu viel Ego und Melancholie,
denn das bekommt dem Leben nie.
Auf der Frage nach dem Wie,
denke immer an die Poesie,
denk an Lachen,
Freude und Glückseligkeit und sei immer für einen Witz bereit.
So gibt es keinen Streit, und Herz und Seele sind zu zweit
für allen Schabernack bereit, der sich fröhlich Leben nennt und
im Inneren der Seele brennt.

22

ERSTER STREICH ...

Auf meinem **Weg zu mir** startete mein **Ich** den **Versuch**,
meinem **Wundertütenherzen** seinen **Herzenswunsch** zu erfüllen,
so dass im **Herzensland** aller **Herzschmerz** durch **Selbstvertrauen**
ersetzt werden kann.

Und wenn es endlich so weit ist, kann mein inneres **Blumenkind** zur
Herzmusik in meinem **Seelengarten** tanzen.

WEG ZU MIR

In mir ist alles leer.
Keine Freude mehr.
In mir ist alles still,
weil ich nicht mehr hier sein will.
Doch was will ich eigentlich?
Wo ist meine Seele hin?
Hat sie die Freude mitgenommen?
Sind die beiden schon weit gekommen?
Haben sie mich hier vergessen?
Oder waren sie gar ganz versessen,
mich einfach dazulassen
– HIER –
wo ich ihn such,
den WEG zu MIR ...

ICH

Ich lass mich nicht gehen,
ich kann mich verstehen,
ich habe mich selbst unter der Haut.
Und mein Herz schlägt ganz laut,
so dass sich meine Seele endlich traut,
mich zu verstehen,
vor mir selbst herzugehen.
Ich muss mir nur eingestehen,
dass die Wünsche vergehen,
wenn man nicht lernt, dem ICH beizustehen.

VERSUCH

Ich habe versucht mit meinen Worten
ein Bild in deine Seele zu zeichnen.
Ich habe versucht mit meinen Worten
dein Herz zu erreichen.
Ich habe versucht in deinen Gedanken zu dichten.
Ich hab´s versucht …
Doch ich bin gescheitert.
Und von hier an geht´s nicht mehr weiter.

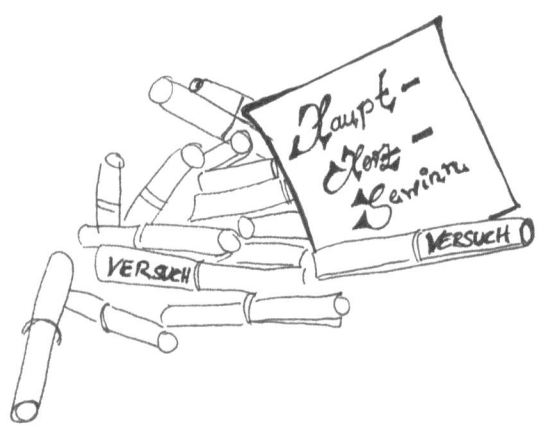

WUNDERTÜTENHERZ

Mein kleines Wundertütenherz
erlaubt sich selten einen Scherz,
ist randvoll mit Gefühl
und steht in des Lebens Gewühl.
Will zur Liebe gehören
und nicht zum Leid.
Will schöne Worte hören
und keinen Streit.
Und so ziehen die Tage dahin
und meines Herzens Wünsche
geben allem einen Sinn!

mein Herzenswunsch-
DRACHE

30

HERZENSWUNSCH

Wenn ein Herzenswunsch in Erfüllung geht,
berühren die Träume die Wirklichkeit
und fangen an, mit ihr zu tanzen,
bis kein Wunsch mehr übrig bleibt.
Alle Gefühle lachen
und entfachen Millionen von Schmetterlingen im Bauch.
Und das Augenleuchten auch ...
Sollte der Wunsch nicht in Erfüllung gehen,
so nimmst du deine Träume und machst sie schön.
Tanz selbst die Traurigkeit hinfort,
an den allerletzten Ort.
Bring die Gefühle mit Witz zum Lachen,
bis sie verrückte Sachen machen.
Und merke dir,
für die Schmetterlinge im Bauch tut´s die Brause auch.
Dann scheint die Sonne wieder hell,
vielleicht sogar zu grell.

HERZENSLAND

Die Geschwindigkeit überschlägt meinen Verstand.
Ich fühle mich gebannt, mein Herz ist weggerannt.
Ich habe vollkommen verkannt,
was zählt in meinem Herzensland.
Jetzt habe ich mich verbrannt,
denn mein Verstand hat erkannt,
ich bin vor meinen Gefühlen weggerannt.

HERZSCHMERZ

Wer schafft ohne Rast?
Und gibt immer erst als Letzter auf?
Wem verdankst du deinen Takt und dein Gefühl?
Wer kennt weder Tag noch Nacht
und gibt immer auf dich acht?
Wer versorgt alle andren
und kommt dabei selbst nicht ins Wanken?
Für wen gibt es keine Schranken?
Es ist dein Herz, es hält alles für dich aus ...
Auch den größten Schmerz.
Und macht für dich noch einen Scherz.

SELBSTVERTRAUEN

Wenn das Herz eingefroren ist,
im ewigen Eis begraben.
Des Lebens Grundtendenz verzagt,
der eigene Geist kaum zu ertragen,
dann sollte man es wagen,
die Gefühle aufzutauen
und sich selbst wieder zu vertrauen,
auf die eigene Hoffnung bauen,
um sich das Leben keine weitere Sekunde zu versauen.
So was nennt man Selbstvertrauen!

BLUMENKIND

Mein Herz ist ein Hippie.
Meine Seele ein Blumenkind.
Meine Liebe trägt die buntesten Farben
und meine Gefühle spielen mit dem Wind.

Mein Leben gleicht einem Kettenkarussell,
alles dreht sich und verliert sich immer wieder schnell.

Glück und Sehnsucht spielen Fangen
und des Herzens Schläge bangen,
vor den Liedern, die da sangen
von zu viel Liebe und Verlangen.

HERZMUSIK

Herz, du schlägst,
Herz, du klopfst,
Herz, du stellst alles auf den Kopf!
In mir fängt alles an zu tanzen ...
Mein Kopf schaltet sich aus,
alle diese Gefühle müssen raus.
Ich hab ein neues Lieblingslied.
Mein Herz hat seinen eignen Beat.
Herz über Kopf.

SEELENGARTEN

Kennst du den Garten der Seele?
Kennst du die Blume des Glücks?
Weißt du, an welchen Orten du sie mit Sicherheit pflückst?

Kennst du das fröhliche Lachen?
Kennst du das Gefühl tiefer Zufriedenheit?

Weißt du, wie sie dir mit Sicherheit geben
ihr immerwährendes Geleit?

Tief in deinem Geist kannst du es finden,
mittendrin im Seelenland,
wenn du wirklich suchst,
wird' s dir gelingen.
Darauf geb' ich dir meine Hand!

ERKENNTNISSE DES ERSTEN STREICHS ...

HIER findest Du den Platz und Raum, für Deiner Gefühle Purzelbaum.
Du musst hier nur die Zeit mitbringen, um Deine größten Wünsche zu
ersinnen. Und wenn Du damit fertig bist, dann schreib auch noch den
Herzschmerz hin, denn nur so bekommt das Leben seinen Sinn!

. . . .
. . . .
. . . .
. . . .
. . . .
. . . .
. . . .
. . . .
. . . .
. . . .
. . . .
. . . .
. . . .
. . . .
. . . .
. . . .
. . . .
. . . .
. . . .

. . . .
. . . .
. . . .
. . . .
. . . .
. . . .
. . . .
. . . .
. . . .
. . . .
. . . .
. . . .
. . . .
. . . .
. . . .
. . . .
. . . .
. . . .
. . . .
. . . .
. . . .
. . . .
. . . .
. . . .
. . . .
. . . .
. . . .

39

40

ZWEITER STREICH ...

Meine Poesie reist mit Dir und mir durch die Zeit, und am Ende ist es immer ein Gefühl, das übrig bleibt. Ein Gefühl, was uns treibt, und so schreibt mein Geist ein weiteres Gedicht, was in Reimen zu Dir spricht. Uns zum Tanz auffordert und lachend sagt, es ist Pflicht für den Seelenbericht.

SO KOMM AUF DIE TANZFLÄCHE DEINES SEELENHERZENS UND LIES WEITERE GEDICHTE VON MIR FÜR DICH ...

Aus meiner **2-Raum-Wohnung** entkommen, unterwegs mit meinem **Fliegenden Teppich**, die **Glückskekse** im Gepäck und den **Freiheitsschwur** auf den Lippen, würde ich es hinbekommen, dass **Der Hoffnung Tod** niemals eintritt, so dass die **Oberflächlichkeit** es nicht schafft, mein **Kartenhaus** mit **Lebensbeben** zum Einsturz zu bringen.

Denn der **Wassertropfen des Gefühls** macht mein **Könner-Herz** zu einem **Zuckerwattenherz**.

41

2-RAUM-WOHNUNG

Wo wohnen eigentlich die Gefühle?
Im Kopf oder im Herzen?
Und was ist, wenn sie traurig sind?
Wem vertrauen sie dann blind,
oder laufen sie geschwind
und sind am Ende noch im Arsch …
Oh, ich glaub, so WAR'S!

FLIEGENDER TEPPICH

Wenn die Gedanken anfangen,
sich ein Muster in den Tag zu spinnen,
muss mein Geist aufpassen,
dass sich die richtigen Farben miteinander verweben,
damit meine Seele auch auf dem so entstehenden
Teppich fliegen kann.

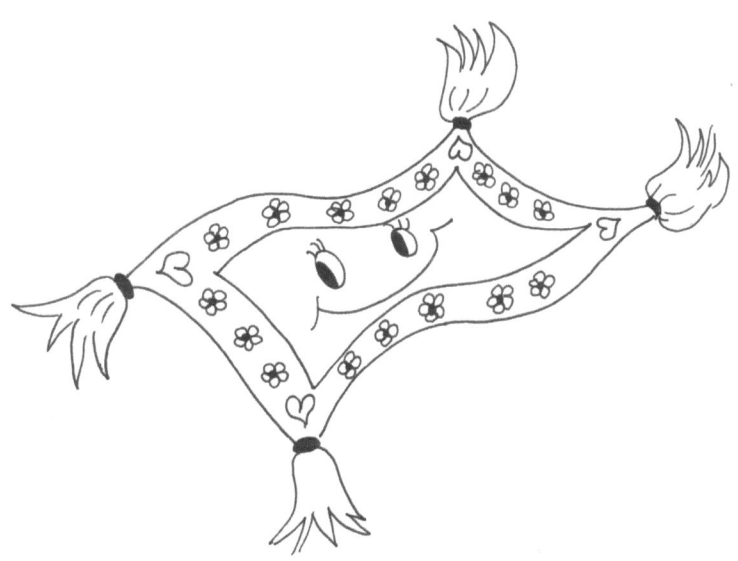

43

GLÜCKSKEKSE

Mein Herz ist ein kleiner Troll.
Die Welt da draußen ist ihm oftmals zu voll.
Es will lieber seine eigenen Wege gehen
und nicht bei der Verpflichtung Schlange stehen.
Will seine eigenen Wünsche erzaubern
und nicht über den Weltschmerz plaudern.
Will noch an große Wunder glauben
und sich ab und zu einen Glückskeks erlauben,
ohne der Figur die Hoffnung zu rauben.

Glücklich ist, wer vergisst, was nicht mehr zu ändern ist ...

46

FREIHEITSSCHWUR

Mach die Augen zu und tanz,
wenn du kannst,
mit mir im HIER
und stell dich darauf ein,
mein Herz wird immer bei dir sein,
da es dir die Freiheit verspricht
und seinen Schwur nie bricht.
So kannst du absolut sicher sein,
du bist frei,
doch in der Welt des Gefühls nie allein!

DER HOFFNUNG TOD

Woran stellt man fest,
dass die Hoffnung bereits gestorben ist?
Ist es der fehlende Mut
oder das Erlöschen der Glut?
Ist es die Trauer im Herzen
oder die Leere im Kopf, die schmerzt?
Ist es das Selbst, das aufhört zu fragen
und leise beginnt, einfach zu verzagen?

OBERFLÄCHLICHKEIT

Warum gibt es so viel Oberflächlichkeit im Leben?
Und warum kommen so viele Menschen
mit so viel Oberflächlichkeit so gut zurecht?
Wo sind sie, die Seelen, die tiefe Wasser haben?
Mit ihnen möchte ich tiefe, weite Wellen schlagen
und hoffen, dass die Oberflächlichkeit darin ertrinkt …
Und mein Herz vor Freude singt!

KARTENHAUS

Gestern habe ich mir ein Luftschloss gebaut,
hab´ s ausprobiert,
darin gewohnt und bin durch die Gänge flaniert.
Heute darf´ s ne Sandburg sein,
für mein Herz so klein und rein.
Morgen wird´ s ein Kartenhaus
und da bringt mich keiner mehr im Leben raus.

51

LEBENSBEBEN

Wenn das Herz im Nebel liegt.
Die Träume in Fetzen schweben.
Die Gedanken Lochmuster weben.
Bleibt mein Selbst auf der Stelle kleben,
auf der Suche nach dem Sein
fühlt mein Ich sich in diesem Moment so klein.
Doch es ist nicht allein,
denn in mir leben meine 7 Geister
und sie halten mich am Streben.
Jeder übernimmt des anderen Schweben.
Und so ergeben sich
die wundersamsten Lebensbeben.

WASSERTROPFEN DES GEFÜHLS

Das Gefühl ist wie ein Wassertropfen,
in ihm sind alle Informationen der Liebe gespeichert
und es vermag an die unmöglichsten Stellen zu gelangen,
um dort all sein Wissen freizulassen,
auf dass es im Geheimen verborgen existieren kann
und tiefe Wellen in der Seele schlägt.

54

KÖNNER-HERZ

Nur ein Herz kann ganz im Stillen
lachen
weinen
Träume stillen.
Schauen durch die rosa Brillen dieser Welt,
und hoffen, dass irgendwann ein Stern vom Himmelszelt
ihm direkt vor die Füße fällt.

ZUCKERWATTENHERZ

Mein himmelblaues Sein
baut Luftschlösser aus Seifenblasen,
die, wenn sie zerplatzen,
meine Seele kitzeln,
bis sie lacht
und aus Zuckerwatte Herzen macht.

57

ERKENNTNISSE DES ZWEITEN STREICHS ...

DIESE freien Zeilen hier sind nur für Dich,
damit Dein Stift zu ihnen spricht und ihnen sagt,
wie Dein Herz seinen Lebensweg wagt!

. . . .

. . . .

. . . .

. . . .

. . . .

. . . .

. . . .

. . . .

. . . .

. . . .

. . . .

. . . .

. . . .

. . . .

. . . .

. . . .

. . . .

. . . .

. . . .

. . . .
. . . .
. . . .
. . . .
. . . .
. . . .
. . . .
. . . .
. . . .
. . . .
. . . .
. . . .
. . . .
. . . .
. . . .
. . . .
. . . .
. . . .
. . . .
. . . .
. . . .
. . . .

DRITTER STREICH ...

Wie gefällt es Dir, Dich in der Endlosigkeit Deines Herzens verlaufen zu haben und zu spüren, dass tief im Süden Deines Herzens immer Sommer ist?

Von diesem wunderschönen Ort weißt Du jetzt gewiss, dass er Dir gehört und Dich dort niemals jemand stört.

Du weißt jetzt, wo Du hingehörst, und dass Du Dir selbst ein wundervoller Freund sein kannst.

Und nun tanze ohne Angst, es macht nichts, wenn Du kurz mal schwankst.

ZU DEINER SEELENMELODIE KOMMEN HIER GEDICHTE FÜR DEIN HERZ ALS WEITERE TANZPOESIE ...

Auf der Tanzfläche erzählt der **Seelenflüsterer** meinem **Spieluhrenherz**, **Der Bauch tut's** auch, denn **Des Menschen Laster** ist das **Blitzeis** im Herzen, von ihm kommen die Schmerzen.

Doch **In meinem Herzen** ist **Wandelzeit** und die Seele wird nicht **Enttäuscht**, denn plötzlich ist **Mittendrin** der **Krieg** vorbei, und ich bin wieder frei.

SEELENFLÜSTERER

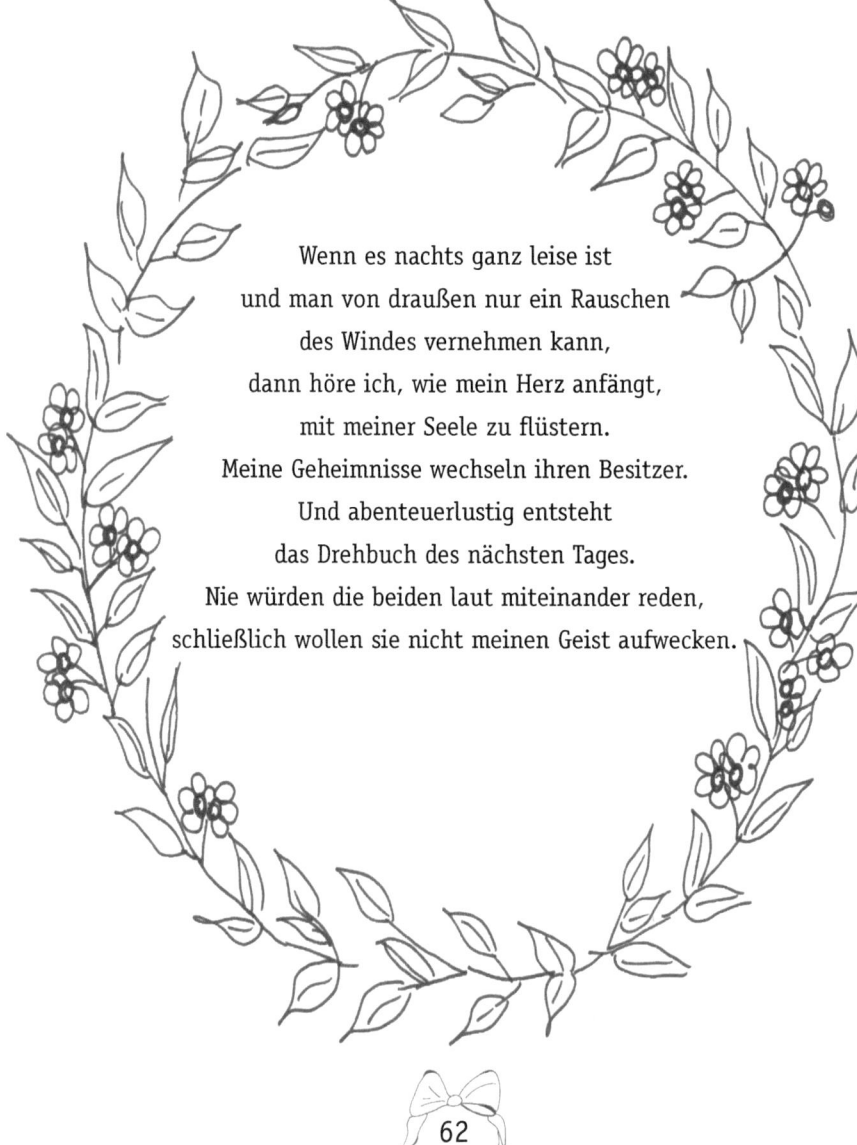

Wenn es nachts ganz leise ist
und man von draußen nur ein Rauschen
des Windes vernehmen kann,
dann höre ich, wie mein Herz anfängt,
mit meiner Seele zu flüstern.
Meine Geheimnisse wechseln ihren Besitzer.
Und abenteuerlustig entsteht
das Drehbuch des nächsten Tages.
Nie würden die beiden laut miteinander reden,
schließlich wollen sie nicht meinen Geist aufwecken.

SPIELUHRENHERZ

Mein Herz ist eine Spieluhr,
für die nur du den Schlüssel hast.
Es ist ganz leise geworden,
da du ihn mitgenommen hast.
Man hört kaum noch seine Schläge
und seit langem schon keine Melodie.
Ich brauche keine Verträge,
nur ein Stück von deiner Phantasie.
Daraus würde für uns beide die schönste Sinfonie.

DER BAUCH TUT'S AUCH

Des Lebens Mitte ist der Bauch,
des Lebens Laster ist er auch.
Stellt er sich doch oft über Kopf und Herz
und hat teil am Riesenschmerz,
wenn keine Schmetterlinge in ihm wohnen,
wie Millionen kleine Funken
von der Glut des Lebens ganz betrunken.
Ist nur Leere da im Bauch
und weh tut's auch!

DES MENSCHEN LASTER

Weißt du, was der Seele Laster?
Weißt du, was des Geistes Fluch?
Warum wird Liebe immer blasser?
Und der Mensch nicht reich genug?
Ein jeder hat nur das Bestreben,
etwas Besseres zu sein.
Keiner lässt den Funken leben,
der ihn lehrt das Glücklichsein.

BLITZEIS

Was würde am meisten fehlen, wenn etwas fehlt?

Es wäre nicht Gut,

es wäre nicht Geld …

Es wäre die Liebe, die alles am Leben hält.

Doch was soll ich tun?

Wenn mein Mut hinfällt

und es mitten in meiner Seele reißt?

Und plötzlich fängt es an, dieses Blitzeis!

Und mir wird bewusst, dass mit verrückten Gefühlen Schluss sein muss.

Bevor es das Leben zerreißt, dieses ewige Eis!

68

IN MEINEM HERZEN

Auch wenn du nicht hier bei mir bist,
so bist du doch meinem Herzen so nah.
Auch wenn du dich rarmachst,
bist du in meinem Herzen da.
Denn in der Kathedrale meines Herzens,
brennen für dich die Kerzen
für alle Herzschmerzen.

WANDELZEIT

Wenn es keine schlechten Zeiten gäbe,
dann wüssten wir nicht, wie sich gute Tage anfühlen.
Wir hätten nie gewusst,
wie es ist,
vom Glück gestreichelt zu werden,
wenn uns das Leid nicht
schon öfters den Hintern versohlt hätte.
Wie schön ist es doch,
wenn die Freude einen küsst.
Doch wie schön es ist,
kann man erst dann empfinden,
wenn man schon gespürt hat,
dass Traurigkeit feste zubeißen kann.
Deshalb sollte man all die kleinen Glücke des Lebens
einsammeln und tief im Süden des Herzens verwahren,
damit man sie beim Einbruch der Melancholie
freilassen kann und sie mit all ihrer Lebensenergie die Schwermut vertreiben.

ENTTÄUSCHT

Von der Welt enttäuscht,
vom Sinn verlassen,
mit Melancholie überhäuft,
von den Stimmungen getäuscht,
die Seele innerlich ersäuft,
frag ich mich,
ob man es irgendwann bereut,
Gefühle zuzulassen?

MITTENDRIN

Was macht mein Herz so besonders?
Vielleicht, dass es stolpern kann bei zu viel Gefühl?
Hinfällt, wenn die Traurigkeit es umhüllt,
und die Freude es in die Luft hüpfen lässt …?
Immer wenn es sich bewegt,
merke ich,
dass ich am Leben bin.
Ich danke dir von Herzen
du kleines, verrücktes Ding
mitten in mir drin!

KRIEG

Der Krieg hinterließ Narben
und diese erwarben wiederum neue Wunden,
die niemals verstummten.
Denn ein jeder soll sehen,
man kann die Zukunft nur verstehen,
wenn die Gedanken rückwärtsgehen,
sich an der Glut noch mal entfachen,
einen großen Bogen machen,
der dann kommt in diese Wellt
und alles erhellt,
auf dass keine Seele mehr dem Krieg verfällt!

ERKENNTNISSE DES DRITTEN STREICHS ...

LAUSCHE ganz genau in Dich hinein, denn dann bist Du nicht allein.
Horche, was Deine Seele Dir alles zuflüstern will,
denn in Dir drin ist es nicht still.
Höre ganz genau hin und gib Deinen Gefühlen einen Sinn.
Schreib alles hier auf, für den schönsten Lebenslauf ...

. . . .
. . . .
. . . .
. . . .
. . . .
. . . .
. . . .
. . . .
. . . .
. . . .
. . . .
. . . .
. . . .
. . . .
. . . .
. . . .
. . . .
. . . .
. . . .
. . . .
. . . .
. . . .
. . . .

76 🌼

VIERTER STREICH ...

Ich kann sie schon sehen, die Herzen und Seelen, wie sie sich im Takt der Poesie auf der Tanzfläche wiegen.

Wie die Fröhlichkeit wird siegen und alle ein breites Grinsen kriegen.

So wünsche ich mir, dass die Freude in Dein Herz einzieht, Deine Augen zum Leuchten und Deine Seele zum Strahlen bringt.

Auf dass die guten Gefühle zur Glücksbrause in Deinem Bauch werden und Du weißt, dass man alles, was wirklich wichtig ist, für Geld nicht kaufen kann.

AUS DIESEM GRUND FINDEN AUCH MEINE LETZTEN HERZ-SEELEN-GEDICHTE DEN WEG ZU DIR, UM ZU ZEIGEN, ES GIBT KEIN LEIDEN, NUR DAS SELBSTGEMACHTE LEID, LASS ES ENDLICH LOS UND SEI GETROST.

Nun darf **Mein Herz** endlich **Nach Hause**, der **Quälgeist** des Ego ist verstummt und die **Pfütze** der Gefühle wird zum Meer für meinen **Seelenpirat**, an dessen **Sehnsuchtsstrand** im **Sand** mein **Seelenlauf** als **Fundsache** das **Lieben** findet und alles Tanzen einen Sinn ergibt.

MEIN HERZ

Da in mir drin,
da schlägt mein Herz,
dieses kleine, unermüdliche Ding.
Auf der Suche nach dem Sinn.
Wird es die Liebe sein oder der Schmerz.
Beides gehört zum Leben dazu
und lässt meinem Herzen keine Ruh.

79

NACH HAUSE

Irgendwann macht alles einmal Sinn,
bis dahin träum ich mich durchs Leben
und genieße dieses Beben.
Sind die Berge auch hoch,
die Täler auch tief,
so schreib ich doch einen Liebesbrief
und bring mich schnell in Sicherheit,
denn bis nach Hause ist es nicht mehr weit.
So gebe ich meiner Seele Geleit
und begleite sie ein Stück,
bis wir beide sind zurück!

QUÄLGEIST

Dieser kleine Geist,
manchmal ist er schon recht dreist.
Und dann schaut er sich um
und denkt, was sind die andern so bieder
und tun es immer wieder,
dass ist ganz schön dumm ...
Denn irgendwann ist das Leben rum!

PFÜTZE

Wenn der ganze Himmel
sich in einer kleinen Pfütze spiegeln kann,
dann kann sich auch
die gesamte Liebe in meinem Herzen wiederfinden.

SEELENPIRAT

Wer ist wahnsinniger,
das Herz oder der Verstand?
Wer ist verrückter, der Kopf oder das Gefühl?
Und zwischen all dem gibt es kein Kalkül.
Es gibt nur den Bauch …
Doch glaub mir,
schreien hilft auch!
Wenn dann alle auf dich schauen,
kannst du auf deinen Seelenpiraten bauen.
Er übernimmt das Ruder
und umschifft
auch mit gebrochenem Mast noch das Riff,
er hat einfach alles im Griff.
Du musst ihm nur vertrauen,
dann hilft er dir, deine Sandburg wieder aufzubauen!

85

SEHNSUCHTSSTRAND

Mein Herz ist kein Zugvogel!

Mein Herz ist kein Tourist!

Es ist kein Nomade!

Für all das sind ihm nämlich seine Gefühle viel zu schade.

Es hat sich der Liebe verschrieben

und ist deshalb am Strand der Sehnsucht liegen geblieben.

Es muss aufpassen, sonst holt es sich noch einen Sonnenbrand,

dort so ganz allein am Strand!

 SAND

Wenn die Tage anfangen sich zu gleichen
wie feine Sandkörner,
wird es langsam Zeit, die Seele wieder zu erreichen.
Damit die Träume nicht erweichen
und im Sande zerrinnen,
von zu viel falschen Sinnen.

SEELENLAUF

Nun rennt sie wieder, meine Seele,
springt Seil und verliert sich im SEIN.
Sie hat zwar ein neues Kleid,
doch es ist nur die alte Seele in der neuen Zeit.
Manchmal ist es kaum noch auszuhalten,
bleibt alles nur beim Alten!

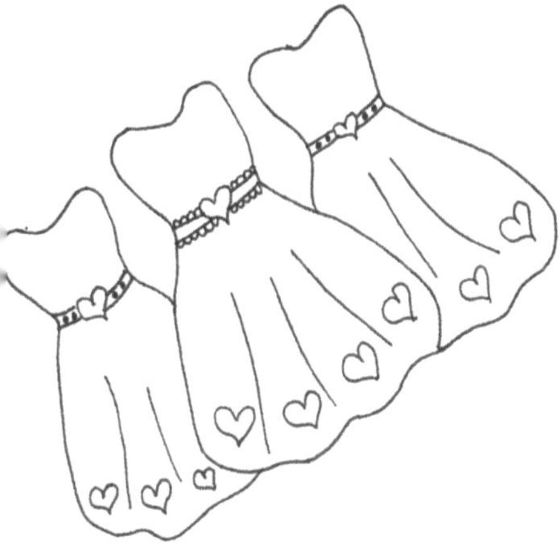

FUNDSACHE

Wenn ein fremder Mensch meine Gedichte fände,
würden sie sein Herz berühren?
Sprächen sie dann für ihn Bände
und er könnte meine Seele hören?
Würden meine Worte ihn berühren?
Oder nur belasten gar?
Was wäre, wenn ich dann vor ihm stünde?
Lachte er
oder wäre er dem Weinen nah?

92

LIEBEN

Tief in meinem Innen drin
schlägt mein Herz so vor sich hin.
Da, wo die Regenbogen wohnen
und die Einhörner lustig toben.
Da, wo immer Freude ist
und man das Lachen nie vergisst!
In meinem kunterbunten Sein,
ist mein Frohsinn nie allein,
denn die Liebe ist ja mein.
Da, so tief in mir drin,
gibt die Liebe allem Sinn!

ERKENNTNISSE DES VIERTEN STREICHS ...

ICH hoffe, Du bist fröhlich, ausgelassen am Tanzen und fühlst Dich frei wie der Wind …

Solltest Du dennoch einmal traurig sein, so reise wieder schnell in den Süden Deines Herzens, wo Dein Tanzpalast steht und Dir das Lachen nie vergeht.

Schreib Dir ihn auf, den Weg dorthin, so hat mein Büchlein einen Sinn!

. . . .

. . . .

. . . .

. . . .

. . . .

. . . .

. . . .

. . . .

. . . .

. . . .

. . . .

. . . .

. . . .

. . . .

. . . .

. . . .

. . . .

94

. . . .
. . . .
. . . .
. . . .
. . . .
. . . .
. . . .
. . . .
. . . .
. . . .
. . . .
. . . .
. . . .
. . . .
. . . .
. . . .
. . . .
. . . .
. . . .
. . . .
. . . .
. . . .
. . . .
. . . .
. . . .

SCHLUSSHOFFNUNG

Ich hoffe, Dir hat die kleine Reise,
die wir zusammen unternommen haben,
gefallen und Du kennst jetzt den Ort tief in Dir drin,
im Süden Deines Herzens, dort,
wo die Tanzfläche zur Bühne Deines Lebens wird.
Vergiss nie, egal was ist,
dort wird immer getanzt,
und es ist viel zu schade,
diese Welt zu versäumen,
denn es lebt sich am besten
mit ganz viel wilden Träumen.

Bis bald in meinem Wunderland ...

Wundertütenpoet

Besuche mich auf

www.wundertuetenpoet.de